ΑΊΛΟΥΡΟΣ

АННА ГЛАЗОВА

Опыт сна

Ailuros Publishing
New York
2014

Anna Glazova
Dreamspirience
Poems

Ailuros Publishing
New York
USA

Подписано в печать 1 января 2014.

Редактор Елена Сунцова.
Художник обложки Ирина Глебова.

Прочитать и купить книги издательства «Айлурос» можно на его официальном сайте:
www.elenasuntsova.com

© 2014 Anna Glazova. All rights reserved.

ISBN 978-1-938781-19-3

не важе чем
не забывается нам
один на двоих.

Б.

ЧУВСТВО

1.

чувство обратной зависимости
когда вдруг поймёшь
что всё твоё — не твоё
а только
будет принадлежать
когда-то,
не собственному лицу,

«чей ты?» —
не из причин
поколений
а из-за следствий вместо причин
чувствуешь
что выходишь
как из дома
на следующий день.

2.

чувство подкожного стука
и чувство
хрупкого равновесия
нужного для ходьбы —

это покров
(прозрачнее и неразрывнее даже
чем подол богородицы)
для пяти уязвимейших чувств.

под покровом мы немо
созвучны биениям
нас поднимающих и роняющих
наших же
низостей и высот.

3.

чувство, очнувшись,
трогает ум:
ум простёрт
не чувствуя кра́я,

только нет ни порядка
ни прямого угла
в их скрещениях,

только доля проста:
можно коснуться
не повредившись
в чутье.

4.

нужен ветер
из середины земли
чтобы почувствовать теплоту смерти
и от неё отвернуться
к жару боли,

чтобы свесить ногу проснувшись
на сосновый пол и вспомнить о лесе,

а не о досках.

5.

когда паводок — наводнение
тогда и чувство: потоп;

но всё же оно — поток,
он — из талого
перетекает в далёкий,

и она, даль,
и в близость втекает
из-под тёмных костей, корней,

разветвляющих то, что течёт,
вверх к облакам:

«всё течёт»
только часть всего
что сливается.

6.

помрачение-просветление,
из него выход в ясность:

тайно работал
точился
ключ
источая тебя источая:

очнёшься
в потоке
шумит голова и тяжесть,

но чувство —
нагота и внутри.

*

когда ветром вдруг дунет
из исходного сада
понемногу
растворяется кожа
и сними кожу и сними тело и сними сердце и сними свой огонь
и останься вода
и растворись
и исчезни прозрачность
где её нет там и исчезнуть нельзя,
……………………………………………
вернёшься. долгие часы идёт преображённый снег. таять.

*

то как весной проступает на коже солнце
только у человека (и есть ли у солнца
в таком случае кожа?) — это следы по которым
читается не людьми страдание в людях
которого изнутри не узнать и не высказать.
красивое солнце водит лучами землян в школу боли.
даже смерть и жизнь оттуда, от солнца, и терпение,
и нетерпение, свёрнуты в общую длинную цепь распадов на солнце.

*

вблизи цветов пахнет костром
потому что они себя жгут
для обогрева нетопленных дней.

не опаляет их жар
а опыляет
возрастающим светом отверстое
на все стороны небо.

персть перстами,
пыль пальцами удержи,
пусть на тебе увядают
дни, остывает до пепла белый свет дня.

*

тополиный пух
добрее лебяжьего:
на него не ложатся мокрым лицом,
под дождём он не тает
и, как соль на вкус резче снега
и кость внутри тела белее чем камень
(потому их кладут на могилу),
он — белее, он летом хранит в себе, не холодном, одну белизну.

*

иной рождён в холод
не в рубашке а в мешковине
всякому брат
кто не одет;

или сестра
подпоясана сразу
ещё слепым первоцветом
рождается с даром
видеть далёкое рядом;

или

рождайся в шелест
опавших листьев
семижды жилиста
в растущую ночь.

*

есть кому тёплая кровь
не помешала сойти в холодную воду;

значит,
есть хладнокровные
кто взошёл в облака.

так же
входишь в свой ум
как в опасную влагу,

чтобы продолжить
не род
а необжитые
способы жить.

*

на случай случайности
у судьбы есть
краплёные карты.

если участь
совпала с участием
связь с явью
разъята

и выпадает
(как на голову снег)
от колоды
отколотый ноль.

*

покрыто ли снегом,
прикрыто ли камнем,
лежалым,
лежачим,
не без разницы ли тебе,
или радость,

и потому:
выходи из себя как если бы есть куда,
будто
за простором — бесследность,
будто вихрем размётаны
(а не пропали)
силы.

*

… и повесил на дверь:

с такого-то дня
с такого-то часа
отменяется время,
сумерки и рассветы не в счёт;

там, где за словом скрывается жест,
развернутся другие отсчёты,
на всё лягут с тяжкой руки лёгкие руки.

между ними и будет считаться
то забытое
что отменили.

с такого-то дня.

ВНЕ ЯВИ

*

разбужен стуком в своей же клети
(грудной голос — это такой какой не доходит до рта)
ты намеренно ищешь сплетения толще чем твоё тело
чтобы не слышать свиста обрывочных снов, недодуманных мыслей
которые прежде тебя поднялись в воздух
и ты для них — как соловей для разбойника —
не добыча,
и они для тебя — как соловей для больного бессонницей —
свист.

*

ослепление темнотой того что за сном —

за ночными глазами того
кто смотрит в сторону где кончаются чувства:

за зрением распускается
(нитью и розой) пространство;

за осязанием тело становится тканью
из волокон тревоги;

и за слухом открывается место для
немого внимания.

*

мыслимый край между

явью и сном —
неровный берег на котором
жар и холод меняют значение
потому что неравная
дрожь пробирает
в прибое когда
этим волнам на мыслимом крае

отдашься.

*

сны можно пытать без страха и боли.
только в снах, в живых, не кончается сила и кровь.
каждый режущий угол
испытующего ума
будет втянут и выгнут;

но безоружная, обострённая чуткость
может не победить
а овладеть и связать собой
вязкость сна.

*

онемели —
вот и молчите, пальцы,
пока руки пусты —
о чём говорить

и сквозь эту глушь
не ощутить и
ответной боли,

но в каком-то невидимом теле
за границей сознания
это становится
просто

частью
дыхания.

*

смерть не забвение
а познание,

то неустанное
которое в нас разъедает силы
делает слабость яснее,

ясность
даётся где
— в силах —
забвением
становится жизнь.

*

одновременность дней и ночей
прожитой и не прожитой жизни
вложена в каждый взгляд человека
прежде чем он научится говорить
и позднее чем сумеет молчать

и в одном всплеске радости
или углублении печали
поднимается и убывает
(как приливы, отливы)

тот особенный ряд
поворотных мгновений

от рождения до смерти.

*

все
из невозможных миров,
ставшие вспышкой в сознании,
точкой боли в тебе,

открыты

мгновенным беспамятством,
чьим-то миром,

и скрыты
за поворотом ума.

*

не исподнее
не подноготная
а проницая —

и даже не взглядом
а незнанием-знанием
собранным в точку
под кожей на пальцах —

там —

где намертво врезан рисунок
кладущий печать,
необъяснимо,
к чему ни притронься,

там, ты, меня распахнуло
в целую жизнь
как в сад окно.

*

как в кедре совмещается
хвоя смола и — в зёрнах — тяжёлое масло —

умещается
как
умащивается —

в кедровую тень погружаясь
ты на воле,
ты в воле
тебя из всего воздуха
притянувшего (так тянется день
дерева мерой смолы)
дыхания дерева: его выдох — твой вдох:

так делится воздух.

*

ореховая ветка,
внутренний зелёный —
я, уменьшившись, вхожу туда —
как в стену —
как в стену из воздуха. лезвие.

у нас
круглые зрачки. почему?
чтобы то что нам светит
и что нас окружает
нас охватывало,

помимо нас.

время
отправления в пробуждающий
и безмолвный
(это — цвет),
из молчания свивается свет,
падает
в сердцевину.

*

у деревьев в коре
множится многое из живого,
у людей и зверей под корой
множатся сны.

ночь не ходит одна.
она вылетает
на тьме крыльев,

и когда ты летишь
потому что ты насекомое
или когда ты летишь, человек,
потому что тебе это снится,

это значит что ночь
ищет новых путей
и в любой страшный сон
ты влетаешь затем
что заброшен.

*

это работа:
смотреть в землю так
чтобы она не ушла из-под ног,

и забота:
держать в себе жизнь
даже во сне
когда
становится легче
от неё — от тебя, твоей яви —
совсем оторваться.

*

если уменьшиться
до размера зрачка
(или меньше)
можно войти как
обратный солнечный луч
в глаз, в чёрное красное море за ним.

там и остаться.

столько соли в том море
что и самый горький живой
в нём не утонет
если уснёт — если совсем уснёт —
лёжа и забывая, теряя
свой вес.

*

прикосновение лечит.

(когда тайным составом
мертвеца спасают от тления
касание рук означает мёртвую воду;)

снадобье
тихо
как знание знахаря
из тебя исходящее
меняет состав
того жидкого
в чём только и держится то
что можно — если забыться —
назвать собой.

*

иногда так
ложится
рука между лопаток
что сквозь них
вдруг открывается
яма в небо;

туда можно было бы провалиться и лечь

если бы небо
не означало:
отсутствие дна.

*

если к ладони
свою приложить ладонь,
отдавая,
линии лягут друг к другу
как построчные переводы
нечитаемой книги.

ты не поймёшь смысл линий,
ты почувствуешь силу —
постигая —
постигшую
твой простор, как рукой охватить.

*

стыд
это красное покрывало
чтобы под ним скрыться.

те кто его прял
отступили из голого света
в ткань без веса. этой тёмной материей
скрыта от мрака —
как от ока —
ночь под которой
как в утробе дитя
укрывается день.

*

место где тени
в продолжение ночи
вырастают в подобья домов
где даже не люди — недомовые
несут с собой собственный дом
в пузыре с милой землёй и болотом,

и ты смотришь
в свои руки
будто в них под касаниями
накопился густой отпечаток
и ты должен увидеть в нём жизнь.

*

убывание сил
по мере ненадобности
убыток (как бы обмылок)
за собой оставляет
слабую чистоту
в остывающем помутнении
при неполной луне.

*

не из бедра родиться
не выйти из ребра
а исчезнуть в ключице
как в чужом сновидении прежде начала:

можно ждать
до растворения мира
чтобы над явью иссякла
власть ключей.

*

около края событий
всегда светло как в комнате
и дотуда нужно дойти
чтобы увидеть цвет (серый) времени
и услышать пение в связках
не совсем (как дерево) прочного мира
и вобрать в себя разность и величину
вычтя из общего целое
и оставить у края всё что похоже (на похожее
и) на остаток

*

опыт явного сна

когда в память
впускаешь беспамятство
и не ты дойдёшь до границ
а с тобой рядом встанут
бродячие стены,
не совсем молча.
их ощупать —

просыпаешься не до конца
потому что комната
раздвигается вместе с тобой
на одну явь испытанного.

ПОЛОВИНА ТРЕЗВОСТИ

*

дневные заботы
не требуют верности
а только сухого закона привычки.

из ночного сока твоей темноты
добывается вера —

не чаще чем
не забывается сон
один на двоих.

*

но, подожди, мы ещё с тобой опоздаем; ещё живут близкие,
их уже увезли в гости, и они там уклончиво отвечают,
ждать ли совсем нас. берегут от них нашу неясность.
не всегда получается сделать молчание
сосредоточенным, понимаешь? они и не думают, их сердце легко,
в их комнатах много пространства; нам, привлечённым в углы
уже немного скатавшейся пылью, серебристой в лунном луче,
кажется часто что лучше уснуть чем так без близких быть, так
не разделять с ними сладость плохого ночлега, и что тут скажешь,
и я не знаю, зачем нужны разговоры в скупое на ясность время.
но это затем, ты отвечаешь, чтобы и ночью молчание могло бы быть выбором.

*

«она ему — локон со своей головы
он ей — запечатанное письмо
чтобы потом проглотить
как яд или причастие».

но у тебя внутри темнота
и у меня темнота
и её не хоронить
а хранить
нужно не завтра,

сейчас.

*

время похоже
на не видное глазу лицо
состоящее из морщин
и каждая изменяется
как извивы песка по пустыне
и чем глубже в морщину
тем больше в ней
позабытых, спасённых движений,

и слепое лицо
следит за движением
может быть и
сложившейся складки
в которой меня прижало к тебе.

*

в зазор между именем и лицом
помещается ровно голос,
в зазор между именем и названием —
ровно умение говорить.

зазорами
узнавая
различия —

различая —

имеешь лицо
и
разоблачаешься в имени.

*

в беспомощных руках —
вся память.
как орбиты вокруг всего.
все цвета неуклонно
сливаются
в чёрно-белый шрифт воспоминания,
или жизнь не-растения
дотлевает до простого скелета.

известь.
это то что известно,
что прежде людей сохраняется

(вся твоя жизнь оседает надолго
у меня в остатках костей)

нами, ими, теми
кто едва сводит с концами
концы человеческой жизни.

*

вглядись в яснотку
близко,
до слепого пятна,
до неясности,

где ещё искать знание
что цветок — это запах,
зверь — мясистость печали,
человек — радость и грусть разговора?

там где близость,
кончается ясность,

закрываешь глаза вблизи запаха
закрываешь,
опуская в сок губы,

закрываешь и рот
когда разговор
течёт не так как вода
а как кровь или слёзы.

*

мыслимый предел
(не к которому а который)
близится как зеркальная пыль,

где мысль
собрана свёрнута и отброшена
в обратимое равенство:

звёзды созвездий — в тёмные точки
созвездий на собственной коже
того кто помыслил предел,

в равенство мысли — пределу,
тела — мысли,
безвременья
телу.

*

мир бывает изогнут
в месте где изгнана даль
в безотрывную близость.

свет в глазах —
сам истребитель веса —
в нём подвешен
и свет, то есть мир.

вместо исчезновения
твоя невесомость,
и мне нужно
всегда её поднимать.

*

тяжёлое сердце,
свой плод,
носить его не сносить —

ещё никто
не рождал своё сердце,
невыносимое,

слишком малое чтобы
из груди выйти
и затихнуть
припав к груди.

*

ангел
смерти состоит из одних перьев,
на вид острых,
их прикосновения легки:

это касания стрелок,
строго чертящих пространство,
и тебе они непонятны,
как летательный аппарат
птиц и воздушная почта,

это он на тебя примеряет
черновой рисунок пером,
и ты не шелохнёшься,
как бездыханный
почтовый лист,
когда на нём пишут и
чертят.

*

позади нас — древний страх
с невидящими глазами,
впереди — древний,
невидящий.

страх — дитя,
он хотел бы
чтобы мы были его леденцами,

потому он не видит,
когда мы, леденея,
не становимся твёрже.

*

нужные вещи
сделаны из нужды
и потому они — голод и холод,
не истлевают и не худеют.
из нужды сплетён грубый край мира.

важные вещи — значат,
они невесомы как свет
и различать то что значит
и то что ты значишь
не нужно а важно
чтобы знаки делили,

кроили,

полный свет с темнотой.

*

твоя рубашка —
ближе к сердцу
потому что в неё-то
меня пеленала судьба
пока меня почти
не было и не будет.

*

у всего живого
тыльная сторона
не похожа на лицевую,
оттого и живое:

тянется к ладони
повёрнутая ладонь
(исчезает слева от тени старая луна,
через ночь появляется, тоже тонкая, справа),

скажи — узкий резец
по телу, по свету и времени
выжигает края,
ясно, скажи —
вижу.

*

слёзы лежат под правым лёгким души
(как природный уголь под нетяжёлой почвой)
если слёзы достались —
значит нужны были чтобы топить
близкое глазу
нутро.

*

мир расходится клином,
воронкой,
там где тесно
как в зрачке у тебя,

мир не сходится,

и в надломах,
жива-нежива,
смотрит нескладность
в расходящийся клин.

*

вот остов дерева-погорельца:
сгорело до стен самого себя,
себе, опустевшему, стало домом.

ты в себе тоже носишь
не сгоревшее рано начало,
из которого рос,
смотришь из глубины
(как из себя ушедшее дерево смотрит в огонь) —

и я так и запомню.

*

черновая запись

очищает лист,
чистовая — оттеняет
то чему не хватало бы глубины
не самой тёмной ночью.

у того
что сказано начерно
есть —

(как у рыбы
не чающей воздуха
спрятан в недостижимой тьме тела
воздушный пузырь,
как во сне — повод проснуться)

или будет — твой, скрытый,
знак перехода.

*

что же.
бывает что станет
что станет
(а не «будет что будет»),

что в одном полужесте
проскользнувшем движении в лице
«что было то было» превращается в «стало»

и с тем же движением
за собой оставляет
незаживающий след,
живущую жизнь.

*

ветер — это внезапно проснувшееся молчание
припавшее к слуху
с возвращением в явь.

на ветру слух становится телом
как дыхание в свирели;

ты вернёшься в себя
вброшен в память порывом
оделяющим (как бывает со снегом в лицо)
и ожогом и холодом.

ПОБЕГИ

*

так сливаются реки
текущие с разных высот,
одна темнее, другая светлей,
водные сумерки их середина

(не полночь, не полдень
а сумерки — середина ночи и дня)

не половинна, полна
та полоса
где две воды
и теряют и обретают
имя.

*

междуречье:

широкие разделы, без возвышений,
только голос, вне слов.

река и речение:

вот река, которая
начинается в море
и кончается в море;

вот другая,
оттеснена,
впадает в себя
и в
себя же.

*

в этом спокойном омуте,
посмотри, и ты не заметишь,
открывается водоворот
(это рот пьющий спокойствие);
то
что
стояло на месте,
чувствуешь, вокруг тебя закружилось:

это ось искавшая место
проникла в твою середину
и то
что
и раньше тянуло
за её поворотами
в ней
находит
текучий вес.

*

ино-
гда — ударяя в землю —
молния превращается в реку,
иногда — застывает в столп
расплавленного песка.

иногда устье реки
похоже на простёртую молнию
и река — не река а это я говорю
чтобы меня
превратило
в иное или
в ином.

*

огонь с неба
и огонь с земли
похожи только
теплом и светом.

в молнию не подбросишь поленьев,
в жизнь — сил,

если тебе
небо ближе,
светляки ближе чем
на земле простёртый
как мёртвый
огонь.

*

луна — кусок земли,
земля — кусок звезды,
хотя кажется что звезда меньше;

и ты — тоже — недра,
и то что в тебе кипит
похоже на солнце
и разговор между звёзд,

и память прозрачной луны
о впадинах.

*

что смотрит на невидящего рядом с невидимым?
та же сила которая крутит
оперённые стрелки на плодах ломоноса
по мере
не человеку нужных часов.

россыпь плодов, поле воронок
в траве, в мелководье —

знаки чей разум захвачен
прочим смыслом —

стрелки птиц с прямым носом —

приметы
открытого зрения.

*

ты глядишь в живой камень —
загорается
красным прозрачным твёрдым и прочным
дыхание камня.

всё что было твоим внешним,
станет его утробой,
жидким — прожилкой.

твёрдой, ты знаешь, в тебе ещё
не была душа,
окаменеет — станет в камне
его весом,

чтобы он внутрь себя, вглубь себя
рос —

чтобы его
нашли.

*

железо — природный стыд камня,
где камни краснеют, там их лицо.

если лечь с камнем,
можно отяжелеть
его долговечным потомством:

пустотой
остающейся в горах
после огненного извержения
и теплом
остывших каменных струй
ставших руслом горных ручьёв.

*

внешне сердце похоже
на сердце лежащее в пальцах,
внутренне — на пожатие руки.

твои руки могли бы быть сердцем
если тело попав в них
не удержалось бы
а вышло из кожи
будто вытолкнуто как кровь

в проходимые
разветвления
дней.

*

будет твой спутник,
спутанность,
сеть,

в ней по петлям
идёт
(как воздух в воздушных путях)
тяга, ты, притяжение —

идёт жизнь
или тянется.

*

незнание
не избавляет
от необходимости сделать шаг
и
невозможности шага.

шаг — падение,
небытие
обеих ног на твёрдой почве,

а без шага не
соединиться
с постоянным движением земли,
прибавляя неверным шагом
к собственно верности
присутствия в мире;

есть

косой угол
по которому соскользнёшь
со всей точностью
в неизбытое
постоянство.

*

испытание временем
это когда оно — пытка
тянет жилы и вяжет узлы

а когда ты не медный и не резиновый
а из горстки земли сделан
и божьего воздуха

то тянуться ты можешь
только как дерево:

из влаги и к свету.

*

неуязвим в человеке
только общий
для всех
огонь.

брат дым,
я пламя не ем,
я ем мёртвое мёртвых.

брат слеза,
не язва глаза,

я в дым не смотрю,
вижу живое.

*

прошлое —
не скелет с косой
не старик с клюкой —
кто-то, что-то вовремя не дошедшее
потому что тебя не было дома —

возвращается словно пар
в под паром лежащую землю
в тебя и в тепло тела.

ты его, своё тело,
словно милого гостя
не ждал.

*

излом и излучина —
потому что вода,
не ломается,
в неё проникают лучи
не чтобы исчезнуть
а чтобы она
научила
как преломляется луч
сквозь извне и внутри
этим (для уха не различимым) всплеском
повернуть всё течение
будто оно — гора, и её обращают
силы, вода, идущие с неба;

поворот.

*

величина уха приложенного к тишине
не сравнима
с зеркальностью шума
в приложенной к уху
скрученной временем
пустоте раковины.

в слуховом зеркале
нет берегов;

но без лишнего шума
прислоняется
ухо к твоему уху
и расширяется слух.

*

в воздухе есть воля к полётам
в воде — к накоплению глубины.

если невольно
выходит на волю
то что ничто не влекло
и ни к чему не склонялось

значит,
воля к побегу,
к побегам
во всём что растёт

освобождается только
в чистом забвении тесноты.

*

из-под лежачего камня
вода течёт
если должен оттуда
ручей начинаться,

и меня тоже выносит
из-под исчезновения:
из человека выносит
(или сам он выносит)
то что сложилось,

и где оно развернётся
выйдет наружу,
будет различие между
течением и ничем.

СОДЕРЖАНИЕ

ЧУВСТВО

1. «чувство обратной зависимости…» 11
2. «чувство подкожного стука…» 11
3. «чувство, очнувшись…» 12
4. «нужен ветер…» 12
5. «когда паводок — наводнение…» 12
6. «помрачение-просветление…» 13

ЧУВСТВО ЗИМЫ

«когда ветром вдруг дунет…» 17
«то как весной проступает на коже солнце…» 18
«вблизи цветов пахнет костром…» 19
«тополиный пух…» 20
«иной рождён в холод…» 21
«есть кому тёплая кровь…» 22
«на случай случайности…» 23
«покрыто ли снегом…» 24
«… и повесил на дверь…» 25

ВНЕ ЯВИ

«разбужен стуком в своей же клети…» 29
«ослепление темнотой того что за сном…» 30
«мыслимый край между…» 31
«сны можно пытать без страха и боли…» 32
«онемели…» 33
«смерть не забвение…» 34
«одновременность дней и ночей…» 35
«все…» 36

«не исподнее…» ... 37
«как в кедре совмещается…» ... 38
«ореховая ветка…» ... 39
«у деревьев в коре…» ... 40
«это работа…» ... 41
«если уменьшиться…» ... 42
«прикосновение лечит…» ... 43
«иногда так…» ... 44
«если к ладони…» ... 45
«стыд…» ... 46
«место где тени…» ... 47
«убывание сил…» ... 48
«не из бедра родиться…» ... 49
«около края событий…» ... 50
«опыт явного сна…» ... 51

ПОЛОВИНА ТРЕЗВОСТИ

«дневные заботы…» ... 55
«но, подожди, мы ещё с тобой опоздаем…» ... 56
«"она ему — локон со своей головы…"» ... 57
«время похоже…» ... 58
«в зазор между именем и лицом…» ... 59
«в беспомощных руках…» ... 60
«вглядись в яснотку…» ... 61
«мыслимый предел…» ... 62
«мир бывает изогнут…» ... 63
«тяжёлое сердце…» ... 64
«ангел…» ... 65
«позади нас — древний страх…» ... 66
«нужные вещи…» ... 67
«твоя рубашка…» ... 68
«у всего живого…» ... 69
«слёзы лежат под правым лёгким души…» ... 70
«мир расходится клином…» ... 71
«вот остов дерева-погорельца…» ... 72
«черновая запись…» ... 73
«что же…» ... 74
«ветер — это внезапно проснувшееся молчание…» ... 75

ПОБЕГИ

«так сливаются реки...»	79
«междуречье...»	80
«в этом спокойном омуте...»	81
«ино-...»	82
«огонь с неба...»	83
«луна — кусок земли...»	84
«что смотрит на невидящего рядом с невидимым?..»	85
«ты глядишь в живой камень...»	86
«железо — природный стыд камня...»	87
«внешне сердце похоже...»	88
«будет твой спутник...»	89
«незнание...»	90
«испытание временем...»	91
«неуязвим в человеке...»	92
«прошлое...»	93
«излом и излучина...»	94
«величина уха приложенного к тишине...»	95
«в воздухе есть воля к полётам...»	96
«из-под лежачего камня...»	97

www.ingramcontent.com/pod-product-compliance
Lightning Source LLC
Chambersburg PA
CBHW071308040426
42444CB00009B/1931